글 이윤진

경희대학교에서 아동학을 공부했고, 출판사에서 오랫동안 어린이책을 만들었습니다.
지금은 즐거운 상상과 소소한 행복을 담은 글을 쓰려고 노력하고 있습니다.
지은 책으로는 〈장날〉〈숲은 보물상자 같아요〉〈여우〉〈2호의 섭섭 일기〉
〈베른하르트 가족, 자동차 타고 동물원 가다〉〈행복 구덩이〉〈냠냠 쩝쩝, 소화가 뚝딱〉 들이 있습니다.

그림 신성희

대학원에서 일러스트레이션을 전공했습니다.
디자인 회사에서 캐릭터 디자이너로 일했고, 지금은 그림책 작가로 활동하고 있습니다.
유쾌하고 즐거운 책을 만들려고 노력하고 있습니다.
작품으로는 〈괴물이 나타났다!〉〈안녕하세요!〉〈뛰뛰빵빵〉〈딩동거미〉〈까칠한 꼬꼬 할아버지〉 들이 있습니다.

우리말 표현력 사전 4
도대체 뭐라고 말하지? : 일기 쓸 때 자꾸 틀리는 맞춤법

글 이윤진 그림 신성희

초판 1쇄 펴낸 날 2021년 5월 10일 **초판 6쇄 펴낸 날** 2023년 6월 20일
편집장 한해숙 **기획·편집** 이윤진, 이선영, 신경아 **디자인** 최성수, 이이환
마케팅 박영준, 한지훈 **홍보** 정보영, 박소현 **경영지원** 김효순
펴낸이 조은희 **펴낸곳** ㈜한솔수북 **출판등록** 제 2013-000276호
주소 03996 서울시 마포구 월드컵로 96 영훈빌딩 5층
전화 02-2001-5822(편집), 02-2001-5828(영업) **전송** 02-2060-0108
전자우편 isoobook@eduhansol.co.kr **블로그** blog.naver.com/hsoobook
인스타그램 soobook2 **페이스북** soobook2
ISBN 979-11-7028-778-0 77710

ⓒ 2021 이윤진, 신성희
＊저작권법으로 보호받는 저작물이므로 저작권자의 서면 동의 없이 다른 곳에 옮겨 싣거나 베껴 쓸 수 없으며 전산장치에 저장할 수 없습니다.
＊값은 뒤표지에 있습니다.

큐알 코드를 찍어서
독자 참여 신청을 하시면
선물을 보내 드립니다.

한솔수북의 모든 책은 아이의 눈, 엄마의 마음으로 만듭니다.

우리말 표현력 사전 4

도대체 뭐라고 말하지?

일기 쓸 때 자꾸 틀리는 맞춤법

글 이윤진 · 그림 신성희

한솔수북

차례

살랑살랑 봄바람 부는 봄 일기

짧게 줄인 말, 자꾸 틀려요 4

줄여서 쓸 수 있어요 | 얘, 쟤, 걔 6

준말이 표준어가 되었어요 | 무, 똬리, 뱀, 솔개, 생쥐 8

줄여 쓸 수 없어요 | 바뀌다, 뛰다, 쉬다, 사귀다 10

이글이글 태양이 내리쬐는 여름 일기

헷갈리는 띄어쓰기, 자꾸 틀려요 12

낱말과 낱말 사이는 띄어 써요 14

띄어쓰기에 따라 뜻이 달라져요 | 못하다-못 하다, 잘하다-잘 하다 16

붙여서 한 단어가 되었어요 | 큰집, 큰사람, 큰소리 18

초등 국어 교과 과정 연계

1학년 1학기 • 8. 소리 내어 또박또박 읽어요

1학년 2학기 • 2. 소리와 모양을 흉내 내요 | 3. 문장으로 표현해요 | 8. 띄어 읽어요

2학년 1학기 • 5. 낱말을 바르고 정확하게 써요

3학년 1학기 • 6. 일이 일어난 까닭 | 7. 반갑다, 국어사전

3학년 2학기 • 2. 중심 생각을 찾아요 | 3. 자신의 경험을 글로 써요

울긋불긋 단풍으로 물든 가을 일기

어려운 받침, 자꾸 틀려요 20

소리가 비슷해서 헷갈려요 | 갔다-같다-갖다, 웬-왠지 22

받침이 비슷해서 헷갈려요 | 빚다-빗다, 어떡해-어떻게 24

받침에 따라 뜻이 달라져요 | 낳다-낫다, 짓다-짙다-짖다 26

소복소복 하얀 눈이 쌓인 겨울 일기

쌍받침과 겹받침, 문장 부호를 자꾸 틀려요 28

쌍받침은 같은 자음자로 써요 | ㄲ, ㅆ 30

겹받침은 다른 자음자로 써요 | ㄳ, ㄵ, ㄶ, ㄹㄱ, ㄹㅁ, ㄹㅂ, ㄹㅅ, ㄹㅌ, ㄹㅍ, ㄹㅎ, ㅄ 32

문장 부호는 글에 알맞게 써요 34

일기 속 생생한 날씨 표현 36

우리말 퀴즈 40

알면 알수록 재미있는 우리말 44

짧게 줄인 말, 자꾸 틀려요

살랑살랑 봄바람 부는
봄 일기

수북 초등학교 2학년 1반
이준영

날짜 3월 3일 ○요일   날씨 따뜻하다가 춥다가 변덕스러운 날
제목 코딱지의 주인은 바로 나!

얘
얘가 그랬어요.

 ## 줄여서 쓸 수 있어요

날짜 3월 3일 ○요일   날씨 따뜻하다가 춥다가 변덕스러운 날

제목 코딱지의 주인은 바로 나!

나는 하루에도 열두 번 코딱지를 파서 톡 팅긴다.
멀리 날아갈 때 그 기분이란 정말 최고다!
오늘도 코딱지를 동글동글 말아 톡 팅겼다.
아뿔싸, 이런 일이! 코딱지가 선생님 얼굴에 비상 착륙했다.
"어머, 이게 뭐야? 코, 코딱지? 누가 코딱지를 팅긴 거지?"
그때 짝꿍이 벌떡 일어나 나를 가리켰다.
"○가 그랬어요." → 얘
여기저기서 키득키득 웃어 댔다.
"○가 그랬대." → 쟤
나는 너무 창피해서 얼굴이 화끈화끈했다.
이제 다시는 ○앞에서 코를 파지 않겠다. → 걔
바로 코딱지 사건을 일러바친 얄미운 내 짝꿍 말이다.

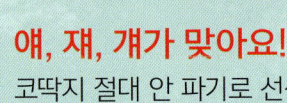 **얘, 쟤, 걔가 맞아요!**
코딱지 절대 안 파기로 선생님하고 약속!
짝꿍이랑도 사이좋게 지내요!

얘는 '이 아이'를 줄여서 쓴 말이고, **애**는 '아이'의 준말이에요.

가까이 있는 친구를 가리킬 때는 **얘**(이 아이)

아이를 줄여서 말할 때는 **애**(아이)

쟤와 **걔**는 무엇을 줄여서 쓴 말일까요?
쟤는 '저 아이', **걔**는 '그 아이'를 줄여서 쓴 말이에요.

떨어져 있는 친구를 가리킬 때는 **쟤**(저 아이)

주위에 없는 친구를 이야기할 때는 **걔**(그 아이)

얘와 **애**, **쟤**와 **재**, **걔**와 **개**는 잘 구분해서 바르게 써야 해요.
그래야 말하고자 하는 내용을 제대로 전달할 수 있답니다.

 # 준말이 표준어가 되었어요

날짜 4월 10일 ○요일 날씨 봄바람에 코끝이 간질간질한 날

제목 할머니, 무예요, 무!

"준영아, 할미랑 텃밭에 총각무우 심으러 가자꾸나!"
"할머니, 무우가 뭐예요? 따라해 봐요! 무!"
"요 녀석아, 알았다. 무우! 됐냐? 무우나 무나 그게 그거구먼."
할머니는 참 이상하다.
왜 자꾸 무를 무우라고 하는지 모르겠다.
무우는 꼭 소 울음소리 같은데 말이다.
그런데 할머니가 하도 무우라 해서 이제 나도 헷갈린다.
무가 맞아, 무우가 맞아?
어쨌든 오늘 심은 총각무가 얼른 쑥쑥 자라면 좋겠다.
할머니의 총각김치, 생각만 해도 군침이 줄줄 흐른다.

무우가 아니라 무가 맞아요!
할머니랑 좋은 추억을 만들었네요.
총각무가 자라는 모습을 기록해 보면 어떨까요?

무는 '무우'를 줄여 쓴 말이에요. 원래는 '무우'가 표준어였어요.
하지만 사람들이 **무**를 더 많이 써서, 지금은 **무**가 표준어가 되었지요.

무처럼 준말이 표준어가 된 경우가 또 있어요.

또아리 → **똬리**

배암 → **뱀** | 소리개 → **솔개**

새앙쥐 → **생쥐**

 ## 줄여 쓸 수 없어요

| 날짜 5월 5일 ○요일 | 날씨 봄비처럼 내 마음도 촉촉한 날 |

제목 꿈이라서 다행이야!

어젯밤 꿈에, 나는 아빠가 되었다. — 바뀌어서
아빠로 (바꼈서) 아침 일찍 일어나 회사에 갔다.
열심히 일하고 파김치가 되어 집에 돌아왔더니, — 뛰어서
누나랑 아빠가 후다닥 (떠서) 나한테 와락 안겼다.
그러고는 밖에 나가서 놀자고 내 손을 잡아끌었다.
좀 (셨다가) 나가자고 해도 막무가내였다.
안 나가는 대신 어린이날 선물을 주기로 했다. — 쉬었다가
그런데 모두 선물이 마음에 안 든다고 마구 투정을 부렸다.
아빠가 되어서 너무너무 힘들었다.
그런데 이번 어린이날 선물은 진짜 마음에 안 들었다.
울고 싶었지만, 꾹 참았다.
아빠가 힘들면 안 되니까!

바껴서, 떠서, 셨다가로 줄이면 안 돼요!
아빠가 되는 재미있는 꿈을 꾸었군요.
준영이가 아빠를 생각하는 마음이 참 예뻐요.

줄여서 쓸 수 없는데, 우리가 흔히 줄여서 쓰는 말이 있어요.

바뀌다는 '바뀌고, 바뀌니, 바뀌어서'와 같이
'바뀌'는 그대로 쓰고 뒷부분만 바꾸어 써야 해요.
마찬가지로 **뛰다**와 **쉬다**도 '뛰'와 '쉬'는 형태를 바꿀 수 없어요.

사귀다도 줄여 쓸 수 없는 말이에요.
'사귀'는 형태가 바뀌는 부분이 아니어서, '사겼던'으로 줄여 쓸 수 없답니다.

헷갈리는 띄어쓰기, 자꾸 틀려요

낱말과 낱말 사이는 띄어 써요

날짜 6월 9일 ○요일	날씨 땀이 뻘뻘 나게 더운 날

제목 나물 줘!

정말 더워도 너무 더웠다.
땀을 뻘뻘 흘리고 헉헉대며 집에 왔다.
누나를 보자마자 나는 물을 달라고 했다.
"누나, 헉헉, 나물 헉헉 좀 줘."
누나는 냉장고를 벌컥 열더니 나물을 이것저것 꺼냈다.
"시금치, 콩나물, 고사리, 어떤 나물 먹을래?"
나는 씩씩거리며 누나를 쳐다보았다.
그랬더니 누나 가방에 들어갔다.
으으으, 정말 이상한 누나다.

띄어쓰기는 정말 중요해요!
선생님이 준영이 일기를 읽고 한참 동안 웃었어요.
누나가 왜 물 대신 나물을 주었을까요?
정확하게 띄어 써야 뜻을 제대로 전달할 수 있어요!

글을 쓸 때 띄어쓰기를 제대로 안 하거나, 말할 때 잘못 끊어 말하면
엉뚱한 말이 되지요.

[나물V줘.]로
띄어 쓸 때

[누나V가방에V들어갔다.]로
띄어 쓸 때

[이V상한V누나다.]로
띄어 쓸 때

뜻을 정확하게 전달하려면 띄어쓰기를 바르게 해야 해요.
문장에서 낱말과 낱말 사이는 띄어 쓰고,
'-은/는', '-이/가', '-을/를', '-의'와 같은 말은 앞말에 붙여 써야 해요.

[나V물V줘.]로
띄어 쓸 때

[누나가V방에V들어갔다.]로
띄어 쓸 때

[이상한V누나다.]로
띄어 쓸 때

띄어쓰기에 따라 뜻이 달라져요

날짜 7월 26일 ○요일	날씨 해가 이글이글 불타는 날

제목 신나는 여름 방학!

야호! 여름 방학이다!
방학이라서 좋고, 내일 바다로 여행을 가서 더 좋다.
바닷가에서 무엇을 하고 놀지 적어 보았다.

1. 멋진 모래성 만들기
2. 잠수해서 조개 잡기
3. 멋지게 파도 타기
4. 예쁜 조개껍데기 모으기

그런데 그때, 누나가 뒤에서 몰래 지켜보다가 말했다.
"공부는 못 하면서 노는 것은 일등이야."
누나는 꼭 저렇게 나를 놀린다.
내가 공부를 못 하는 것은 사실이다.
하지만 선생님께서 말씀하셨다.
노는 것도 공부라고!
나는 선생님 말씀을 잘 듣는 착한 어린이다.
빨리 바다에 풍덩 뛰어들고 싶다.

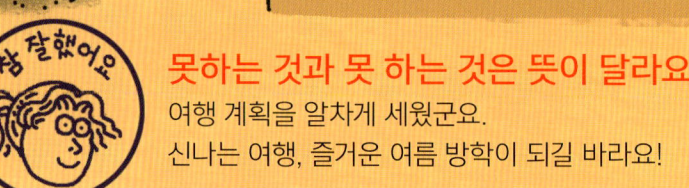

못하는 것과 못 하는 것은 뜻이 달라요!
여행 계획을 알차게 세웠군요.
신나는 여행, 즐거운 여름 방학이 되길 바라요!

띄어 쓰느냐, 붙여 쓰느냐에 따라 뜻이 완전히 달라지는 말이 있어요.
바로 **못하다**와 **못 하다**지요.

못하다는 '수준에 못 미치거나 능력이 없다'는 뜻으로 쓰여요.
못 하다에서 **못**은 '어떤 것을 할 수 없다'는 부정의 뜻이 있지요.

마찬가지로 **잘하다**와 **잘 하다**도 뜻이 달라요.
어떻게 다른지 알아볼까요?

붙어서 한 단어가 되었어요

날짜 8월 5일 ○요일   **날씨** 비가 그치고 해가 방긋 나온 날

제목 큰사람이 되자!

오랜만에 큰 집에 놀러 갔다.
나는 큰 아버지께 큰소리로 인사했다.
큰 아버지는 내가 씩씩해졌다고 칭찬하셨다.
그리고 꿈이 무엇이냐고 물어보셨다.
"저는 세종대왕처럼 훌륭한 사람이 되고 싶어요."
큰 아버지는 껄껄 웃으시며 머리를 쓰다듬어 주셨다.
"우리 준영이는 꼭 큰 사람이 될 거야.
꿈을 꼭 이루길 바란다."
큰 사람이 무엇인지 잘 이해가 안 되었지만,
기분은 참 좋았다.

큰 사람과 큰사람은 뜻이 달라요!
늘 씩씩하고 마음씨 예쁜 준영이는 키도 쑥쑥 자라 큰 사람이 되고,
마음도 쑥쑥 자라 큰사람이 될 거예요.

꾸며 주는 말은 뒤에 오는 단어와 띄어 써야 해요.
큰은 사람이나 사물의 길이나 넓이, 높이가 보통보다 크다는 것을 뜻해요.

집 크기가 클 때는 **큰ˇ집**

몸집과 키가 클 때는 **큰ˇ사람**

크게 말하는 소리는 **큰ˇ소리**

하지만 **큰**이 붙어 한 단어가 되면 뜻이 달라져요.

집안의 맏이가 사는 집은 **큰집**

위대하고 훌륭한 사람은 **큰사람**

과장해서 말하는 것은 **큰소리**

큰이 붙어 한 단어가 된 말들이 또 있어요.

귀한 손님은 **큰손(큰손님)**

아들 가운데 맏이는 **큰아들**

무대가 크고 넓은 곳은 **큰물**

어려운 받침, 자꾸 틀려요

소리가 비슷해서 헷갈려요

날짜 9월 26일 ○요일 **날씨** 하늘은 맑고 바람은 쌀쌀한 날

제목 나는 가을 남자!

여름은 갔다. 그리고 가을이 왔다. → 갔다
오늘은 웬지 혼자 걷고 싶었다. → 왠지
노랗게 물든 은행나무와 울긋불긋 단풍나무,
바스락바스락 낙엽 소리.
아, 가을이 좋다!
나는 진정한 가을 남자인 것 같다. → 같다 / 갔다
그때, 분위기를 확 깨는 웃음소리가 들렸다.
하필 누나를 만날 게 뭐람! → 웬일이니?
"하하하, 왠일이니? 콩알만 한 게 정말 웃겨.
가방이나 같고 따라와." → 갖고
누나는 자기 가방을
휙 던져 주고는 가 버렸다.
누나는 가을 남자의 마음을
몰라도 너무 모른다.

'갔다-같다-갖다'는 소리가 비슷하지만 뜻이 달라요.
우리 준영이는 진정한 가을 남자! 가을을 맘껏 느껴 봐요.

갔다, 같다, 갖다는 소리가 비슷해서 일기 쓸 때 많이 틀려요.
뜻을 정확하게 알면 틀릴 일이 없을 거예요. 뜻이 어떻게 다른지 알아볼까요?

웬과 **왠**도 소리가 비슷해서 헷갈리기 쉬워요.
웬은 '어떠한, 어찌 된'이란 뜻이에요. 웬만해서는 모두 **웬**을 써요.

왠이 들어가는 단어는 **왠지** 하나밖에 없어요.
왠지는 '왜 그런지 모르게' 또는
'뚜렷한 까닭도 없이'란 뜻이지요.

받침이 비슷해서 헷갈려요

| 날짜 10월 10일 ○요일 | 날씨 둥근 보름달이 밝게 웃은 날 |

제목 숨은 깨 송편 찾기!

추석에 먹는, 우리 할머니표 깨 송편은 최고다!
달콤하고 고소한 깨가 톡 터지는 쫄깃쫄깃 깨 송편,
너무 맛있어서 백 개도 먹을 자신이 있다.
하지만 콩 송편은 딱 질색이다.
나는 송편을 만들기 전에 깨끗이 손을 씻고,
머리도 단정하게 빗어 넘겼다.   빗어
깨 송편을 많이 먹을 생각에
깨 송편만 빗고 또 빗었다.   빚
드디어 할머니가 송편을 쪄서
소쿠리에 가득 담아 주셨다.
으악, 어떻해!   어떡해
송편을 쪄니까 모두 똑같아 보였다.
신중하게 하나를 골랐다.
아뿔싸, 콩 송편이었다!
두 번째 먹은 송편도 콩!
왜 고른 것마다 콩 송편이냐고!

'빚다-빗다'는 뜻이 전혀 달라요.
우리 준영이가 빚은 깨 송편이 먹고 싶네요.
콩 송편은 몸에도 좋으니 맛있게 먹어 보아요.

빚다와 **빗다**는 받침을 잘못 쓰기 쉬워서 주의해야 해요.
엉뚱한 문장이 되지 않게 뜻을 정확하게 알아보아요.

또 자주 틀리는 표현 가운데 하나가 **어떡해**와 **어떻게**예요.
어떡해는 '어떻게 해'가 줄어든 말이에요.
'어떻게 해'로 바꿔서 말이 되면 **어떡해**, 말이 안 되면 **어떻게**를 쓰면 돼요.

그래도 헷갈릴 때는 기억하세요.
어떡해는 문장 마지막에 올 수 있지만, **어떻게**는 올 수 없답니다.

받침에 따라 뜻이 달라져요

날짜 11월 3일 ○요일 날씨 겨울이 성큼성큼 다가온 날

제목 나도 강아지를 키우고 싶어!

이웃집 돌돌이가 강아지 다섯 마리를 낫았다. → 낳았다
그 가운데 짖은 밤색 강아지가 바로 밤톨이다! → 짙은
밤알처럼 작고 귀여워서 누나랑 내가 이름을 지어 주었다.
우리는 엄마를 졸랐다.
"엄마, 우리가 밤톨이 키워요, 네?
우리가 밤톨이 집도 예쁘게 짙고, → 짓고
아프면 빨리 낳게 보살펴 줄게요." → 낫게
하지만 엄마는 고개를 저으며 말씀하셨다.
"똥은 누가 치울 거야?"
누나와 나는 멀뚱멀뚱 서로 쳐다보다가, 동시에 말했다.
"누나가요!"
"준영이가요!"

'낳다-낫다'는 소리가 비슷하지만 뜻이 전혀 달라요.
밤톨이, 이름이 참 예쁘네요. 밤톨이를 키우려면 똥도 잘 치워야겠지요?

낳다와 **낫다**는 소리는 비슷하지만, 뜻은 전혀 달라요.

어떤 결과를 이루거나 가져왔을 때도 **낳다**라고 표현해요.

그렇다면 **짓다**, **짙다**, **짖다**는 어떻게 다를까요?

쌍받침과 겹받침, 문장 부호를 자꾸 틀려요

 쌍받침은 같은 자음자로 써요

날짜 12월 24일 ○요일   날씨 온 세상이 하얗게 바뀐 날

제목 봉숭아 물과 첫눈

아침에 일어났더니 유리창이 온통 뿌옜다.
쓱쓱 닥고(→닦고), 박(→밖)을 내다봤다.
"우아, 눈이다, 눈! 첫눈."
나는 갑자기 봉숭아로 물들인 손톱이 생각낫다(→생각났다).
지난여름 내가 낮잠을 자고 있을 때,
누나가 몰래 내 손톱에 봉숭아 물을 들였다.
그것도 열 손가락 모두 다!
붉게 물든 손톱이 정말 창피햇다(→창피했다).
지금도 새끼손톱에 조금 남아 있다.
첫눈 올 때까지 남아 있으면
첫사랑이 이루어진다는데, 정말일까?
갑자기 멀리 이사 간 예림이가 보고 싶엇다(→싶었다).

같은 자음자가 겹쳐서 된 받침을 쌍받침이라고 해요.
온 세상이 하얗게 바뀐 예쁜 날이었지요?
우리 준영이의 첫사랑이 꼭 이루어지길 바라요!

우리말에서 된소리는 'ㄲ, ㄸ, ㅆ, ㅃ, ㅉ' 다섯 가지예요.
이 가운데 ㄲ과 ㅆ만 받침으로 쓰이지요. 쌍받침을 쓰는 낱말을 알아볼까요?

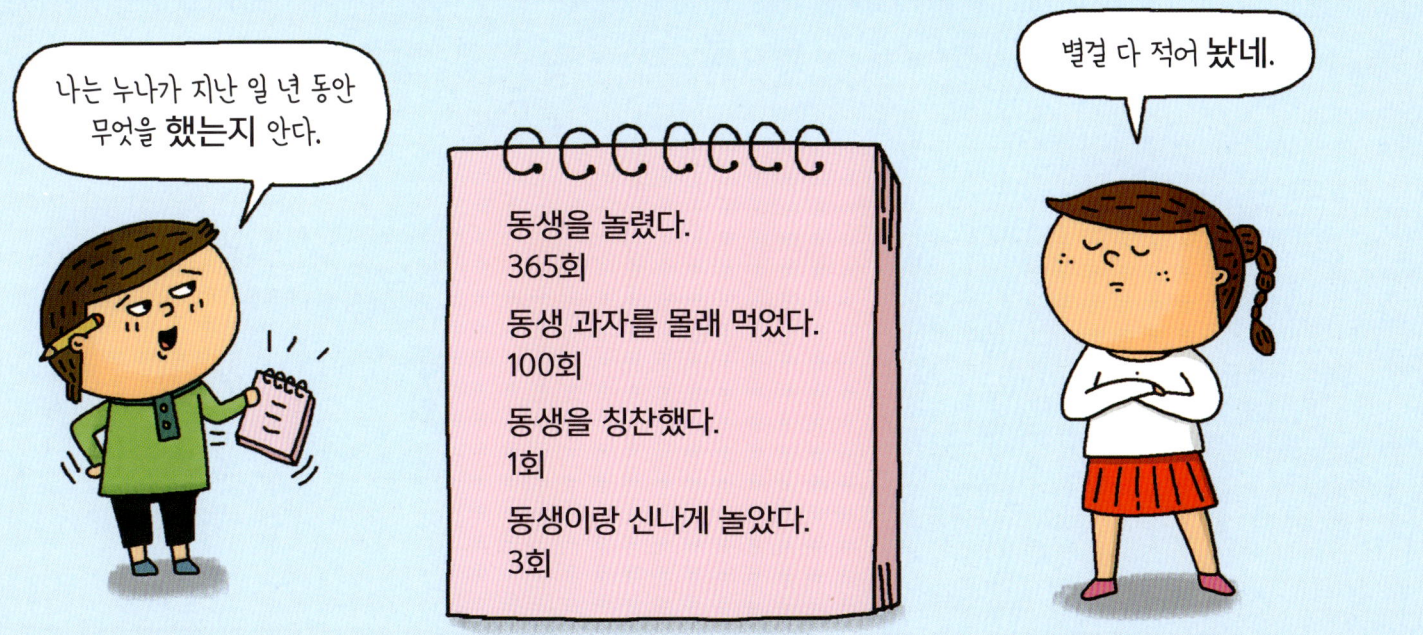

쌍기역이 받침으로 쓰이는 낱말	쌍시옷이 받침으로 쓰이는 낱말
겪다, 닦다, 낚시, 밖, 섞다	갔다, 샀다, 썼다, 잤다, 놀았다, 만들었다

쌍받침이 들어간 낱말을 보면 공통점이 있어요.
쌍받침 뒤에 오는 자음이 세게 발음되지요. 낚시는 [낙씨], 잤다는 [자따]로 읽어요.
또 재미있는 사실 하나! 쌍시옷 받침은 지난 일을 나타내요.

 겹받침은 다른 자음자로 써요

날짜 1월 3일 ○요일   **날씨** 얼음이 될 뻔한 아주 추운 날

제목 재미있고 신나는 스키

누나는 (밝꼬 불근) 스키복을 입고 멋진 자세로 거침없이 스키를 탔다. — 밝고 붉은
하지만 내 스키 실력은 엉망이었다.
스키 타는 내내 누나의 잔소리가 (끄니멉씨) 이어졌다. — 끊임없이
"자세가 이상해. 몸을 더 낮춰!"
조금 쉬려고 하면 어느 틈에 나타나서 또 잔소리를 해 댔다.
"빨리 일어나, 여기 (안즈면) 위험해!" — 앉으면
누나의 잔소리 덕분인지
나는 점점 스키를 잘 타게 되었다.
"오호, 제법인데. 잘했어!"
누나한테 칭찬을 들으니
기분이 정말 좋았다.

 **서로 다른 두 개의 자음으로 된 받침을 겹받침이라고 해요.**
누나의 잔소리 덕분에 준영이의 스키 실력이 좋아졌네요.
누나한테 고맙다고 인사했겠죠?

우리말에는 'ㄳ, ㄵ, ㄶ, ㄺ, ㄻ, ㄼ, ㄽ, ㄾ, ㄿ, ㅀ, ㅄ' 열한 개의 겹받침이 있어요.
겹받침이 있는 낱말들을 살펴볼까요?

그릇을 **얹다**	콩이 **많다**	물이 **맑다**	**몫**을 나누다
달걀을 **삶다**	아빠를 **닮다**	연필이 **짧다**	손을 **핥다**
물곬을 만들다	시를 **읊다**	변기를 **뚫다**	돈이 **없다**

겹받침이 있는 낱말은
읽을 때 나는 소리와 쓸 때 글자 모양이 달라서,
읽고 쓰는 연습을 많이 해야 헷갈리지 않아요.

8 문장 부호는 글에 알맞게 써요

날짜 2월 10일 ○요일   날씨 손발이 꽁꽁 언 날

제목 독감은 싫어!

도대체 독감은 세상에 왜 있는 걸까?
이렇게 아픈 건 여덟 살 인생에서 처음인 것 같다.
열도 나고, 기침도 나고, 온몸이 너무너무 아팠다.
그런데 아프니까 고마운 사람이 많이 생겼다.
곁에서 계속 간호해 주신 엄마와 아빠,
몰래 이마에 물수건을 얹어 준 누나,
빨리 나으라고 편지를 보내 준 선생님과 친구들.
모두 고마워요! 내가 사랑하는 거 알죠?

문장 부호는 글의 내용을 효과적으로 전달해요.
준영이가 아파서 선생님과 친구들이 많이 걱정했어요.
다 나아서 씩씩한 모습으로 만나서 정말 기뻤어요.

문장 부호는 글을 이해하기 쉽게 만들어 주는 장치예요.
만약 글에 문장 부호가 없거나 잘못 쓰면 어떻게 될까요?

문장 부호의 쓰임새를 알고 알맞게 쓰면, 글의 뜻을 정확하게 전달할 수 있어요.
여러 가지 문장 부호의 모양과 쓰임새를 알아볼까요?

.	,	?	!
마침표	쉼표	물음표	느낌표
문장 끝에 쓰여, 문장이 끝났음을 알려 줘요.	단어를 나열할 때나 조금 쉬어야 할 때 써요. 부르는 말 뒤에도 써요.	물어볼 때 쓰거나 의심, 빈정거림을 나타낼 때도 써요.	감탄할 때나 특별히 강한 느낌을 나타낼 때 써요.
' '	" "	……	~
작은따옴표	큰따옴표	말줄임표	물결표
마음이나 생각을 나타낼 때 써요.	소리 내어 한 말을 나타낼 때 써요.	할 말을 줄이거나 말이 없을 때 써요.	기간이나 거리 등을 나타낼 때 써요.

일기 속 생생한 날씨 표현

날씨에서 느낀 감정이나 날씨 때문에 겪은 일, 날씨한테 하고 싶은 말 들로 날씨를 생생하고 재미있게 쓰면, 일기가 훨씬 더 특별하고 풍성해져요.

봄빛이 사르륵, 따뜻한 봄 날씨

▶ **따뜻하다**와 **따듯하다**는 덥지 않을 정도로 온도가 알맞게 높다는 뜻이에요.
따사롭다는 따뜻한 기운이 조금 있다는 뜻이지요.

▶ 이른 봄, 꽃이 필 무렵에 찾아오는 추위를 **꽃샘추위**라고 해요. 꽃이 피는 것을 샘내는 추위라는 뜻이에요.

꽃샘추위 때 부는 쌀쌀한 바람은 **꽃샘바람**

꽃샘바람보다 매서운 바람은 **소소리바람**

▶ 봄에 오는 비를 **봄비**라고 해요.
봄에는 가는 비가 조용히 내리지요.

가늘게 내리는 비는 **가랑비**

아주 가늘게 오는 비는 **이슬비**

이슬비보다 가는 비는 **는개**

햇볕이 쨍쨍, 뜨거운 여름 날씨

▶ 온도와 습도가 매우 높아 견디기 힘든 더위를 **무더위**, 햇볕이 몹시 뜨겁게 내리쬘 때의 더위를 **불볕더위**라고 해요.
여름 더위를 표현하는 다른 말도 알아볼까요?

찜통더위에 팥빙수가 녹아 버린 날
안 돼! 내 빙수!
어떡해.

가마솥을 달굴 때처럼 아주 뜨거운 날씨는 **가마솥더위**

뜨거운 김을 쐬는 것같이 무척 무더운 날씨는 **찜통더위**

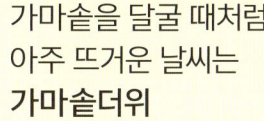
쉴 새 없이 하늘이 엉엉 운 날
하늘에 구멍이 뚫렸나 봐.

▶ 여름에는 굵은 비가 세차게 내려요.

장대처럼 굵고 거세게 내리는 비는 **장대비**

물을 퍼붓듯이 세차게 쏟아지는 비는 **억수**

채찍을 내리치듯이 굵고 세차게 내리는 비는 **채찍비**

더위가 무서워하는 깜짝 손님, 소나기가 왔다 간 날

▶ 여름에는 갑자기 세차게 쏟아졌다가 곧 그치는 **소나기**도 자주 내려요. 또 비가 여러 날 계속 내리기도 해요. 이런 날씨를 **장마**라고 해요.

가을바람 선들, 선선한 가을 날씨

건들바람에 코스모스 한들한들 춤추는 날

▶ 가을이 오면 선들선들 서늘한 바람이 불어요.

초가을에 부드럽게 부는 바람은 **건들바람**

서리가 내린 아침에 부는 쌀쌀한 바람은 **서릿바람**

서리가 내려 나무가 할아버지가 된 날
벌써 겨울인가?

▶ 늦가을이 되면 **서리**가 내려요. 서리는 수증기가 땅이나 물체 표면에 얼어붙은 것을 말해요.

늦가을에 처음 내리는 묽은 서리는 **무서리**

늦가을에 아주 되게 내리는 서리는 **된서리**

가을비가 하루 종일 조용히 내린 날

▶ 가을에 내리는 비를 **떡비**라고 해요. 곡식이 풍성한 가을에 비가 오면 떡을 해 먹는다고 해서 생긴 이름이에요.

비 오면 떡을 먹어야 해!
무슨 소리! 비 오면 파전이지.

찬바람이 쌩쌩, 매서운 겨울 날씨

▶ 맵고 차가운 느낌을 **맵차다**라고 해요.
겨울에는 맵찬 바람이 불어서 몹시 추워요.
겨울 날씨를 표현하는 다른 말도 알아볼까요?

날씨가 갑자기
추워질 때는 **득하다**

겨울 날씨가
퍽 따뜻할 때는 **푹하다**

▶ 겨울이 오면 춥지만 눈이 와서 신이 나요.

가루 모양으로 잘게
내리는 눈은 **가루눈**

굵고 탐스럽게 내리는
눈은 **함박눈**

빗방울이 얼어 쌀알같이
내리는 눈은 **싸라기눈**

비가 섞여 내리는
눈은 **진눈깨비**

우리말 퀴즈

 **퀴즈** 일기에서 틀린 부분을 찾아 바르게 고쳐 보세요.

날짜 1월 21일 ○요일 날씨 꼬질꼬질 양떼구름이 몰려온 날

제목 일기 쓰기 싫어!

오늘은 웬지 일기가 쓰기 싫다.
날마다 선생님은 일기를 숙제로 내 주신다.
일기를 안 쓰면 엄마한테 혼도 난다.
일기는 왜 써야 할까?
오늘은 박에도 안 나가서 쓸 것도 없는데 어떡게 하지?
아무래도 조금 셨다가 써야겠다.
아, 일기 없는 세상에 살고 싶다.

 **퀴즈** 띄어쓰기에 따라 문장의 내용이 달라져요.
그림에 맞게 띄어쓰기를 바르게 한 문장을 찾아보세요.

우리 가족은 **큰 집**에 갔다. | 우리 가족은 **큰집**에 갔다.

나는 누나 때문에 노래를 **못 했다.** | 나는 누나 때문에 노래를 **못했다.**

나는 **큰 사람**이 될 거야! | 나는 **큰사람**이 될 거야!

 **퀴즈** 빈칸에 들어갈 알맞은 말을 보기에서 찾아보세요.

아빠랑 _____를 가다.

새 가방을 _____.

창문을 _____.

빵이 _____.

달이 _____.

옥수수를 _____.

<보기>

낙시 낚시 낚씨 사따 샀다 닦다 닥다

만타 많다 박다 발따 밝다 삶다 삼다

 **퀴즈** 빈칸에 들어갈 알맞은 문장 부호를 찾아보세요.

내 아이스크림은 어디로 갔을까☐

엄마는 마트에 가셨고☐ 아빠는 주무신다☐

범인은 바로 누나다☐

<보기>

!	,	.	?
느낌표	쉼표	마침표	물음표

 **퀴즈** 그림을 보고 날씨를 생동감 있게 표현해 보세요.

날씨 : _____

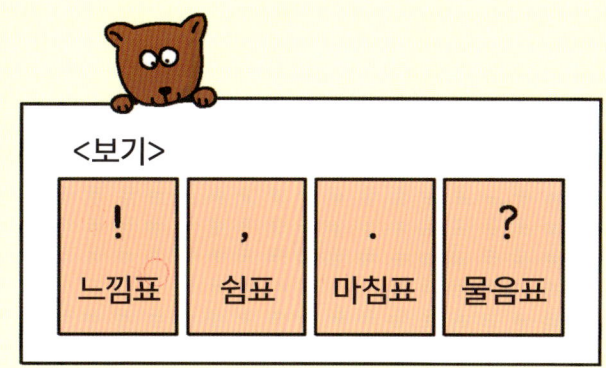

날씨 : _____

날씨 : _____

날씨 : _____

알면 알수록 재미있는 우리말

메다는 어깨에 걸치거나 올려놓는다는 뜻이에요. 매다는 끈을 묶어 풀리지 않게 한다는 뜻이지요.
가방은 메고, 신발 끈은 매는 거지요!

절이다는 채소나 생선을 소금이나 설탕으로 담가서 간이 배어들게 한다는 뜻이에요.
저리다는 몸의 일부가 오래 눌려서 피가 잘 통하지 못해 둔하고 아리거나, 쑥쑥 쑤시듯이 아픈 느낌을 말해요.

라면이 붇다

얼굴이 붓다

라면이나 국수를 오래 두면 퉁퉁 불어요. 물에 젖어서 부피가 커지는 것은 **붇다**라고 해요. 눈이나 얼굴 등이 부풀어 오르는 것은 **붓다**라고 하지요.

많다 - 적다

크다 - 작다

수나 양, 정도가 보통에 못 미칠 때는 **적다**라고 해요. 반대말은 **많다**예요. 길이나 크기, 부피, 면적이 보통에 미치지 못할 때는 **작다**라고 해요. 반대말은 **크다**지요.